COMITÉ DE SECOURS AUX BLESSÉS MILITAIRES

ARRONDISSEMENT DE LA ROCHELLE

RAPPORT

PRÉSENTÉ A MESSIEURS LES SOCIÉTAIRES

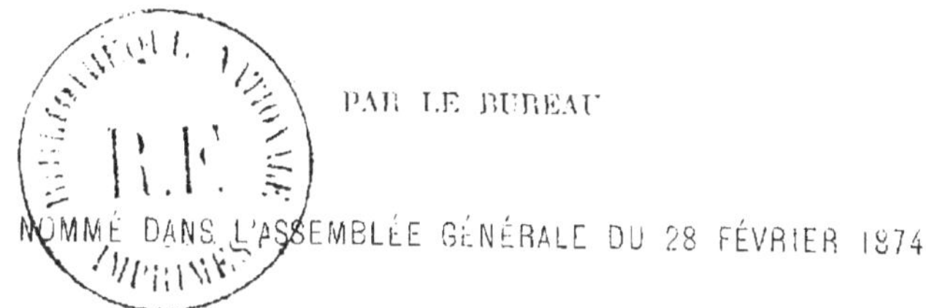

PAR LE BUREAU

NOMMÉ DANS L'ASSEMBLÉE GÉNÉRALE DU 28 FÉVRIER 1874

LA ROCHELLE

TYP. DE A. SIRET, PLACE DE L'HOTEL-DE-VILLE, 3

1874

RAPPORT

MESSIEURS,

Depuis votre assemblée générale du 28 février dernier, de graves incidents ont compromis l'existence de votre comité de secours, et nous avons le devoir, en tant que vos mandataires, de vous faire connaître nos efforts pour faire valoir vos droits, pour concilier, pour sauvegarder en un mot les intérêts de votre œuvre de charité. Une décision préfectorale nous interdit de vous réunir; il ne nous reste donc plus, pour vous rendre compte du mandat que vous nous avez confié, que la voie de publicité. A vrai dire, nous y recourons à regret; nous eussions préféré vous communiquer, pour ainsi dire en famille, les mesures qui vous atteignent. Mais les rigueurs administratives ne nous laissent pas le choix du moyen.

En 1870, Messieurs, dès le début de la guerre, le sentiment général s'émut dans notre ville des inévitables misères que la lutte allait entraîner; une réunion spontanée eut lieu à l'Hôtel-de-Ville, et, séance tenante, les membres de l'Assemblée nommèrent, par acclamation, un comité qui fût chargé d'organiser le service des secours aux blessés militaires pour notre arrondissement.

Ce Comité, après s'être fait agréer par l'administration préfectorale, entra en fonctions et déploya un zèle et une activité dont vous lui avez maintes fois rendu témoignage ; ses travaux pendant la guerre sont consignés dans les comptes-rendus de février 1871, mars et novembre 1872. Il résulte de la lecture de ces documents que, fidèle au principe de son origine, le bureau de votre Comité convoqua des Assemblées générales pour approuver les comptes, renouveler ou confirmer le bureau, voter des allocations, en un mot prendre part à toutes les résolutions qu'implique l'existence du Comité.

Après la guerre, dans une réunion du 9 novembre 1872, l'Assemblée générale, s'inspirant d'un vif sentiment de charité et d'une intuition patriotique de l'avenir, décide sur la proposition de M. Fournier, son président :

1° *Que le Comité continuera ses réunions ;*

2° *Que l'Assemblée générale se réunira au moins une fois chaque année :*

3° *Qu'une cotisation annuelle de trois francs sera demandée à chaque membre du Comité.*

Dans la même séance, *M. le Président rappelle à l'Assemblée que, dans sa séance du 23 mars 1872, il a été décidé qu'il serait, à la plus prochaine Assemblée générale, procédé à la nomination des Président, vice-Président, Trésorier, Secrétaire et Membres du nouveau bureau ; il demande qu'il soit procédé à ces élections. L'assemblée, sur la proposition d'un de ses membres, vote par acclamation le maintien du bureau.*

Ainsi, Messieurs, dès le début et sans variation jusqu'à ce jour, vos mandataires ont affirmé leur respect pour les décisions des assemblées générales, leur volonté de retremper leurs pouvoirs dans vos suffrages, votre qualité formelle de sociétaires, exprimée sur le titre même qu'ils délivraient à chacun de vous. Cette organisation était sage, conforme aux origines du Comité, digne des mandants et des mandataires, et, nous insistons sur ce point, l'administration n'apportait aucune entrave à ce fonctionnement régulier.

Dans l'Assemblée générale du 23 juillet 1873, M. le Président annonça que la Société française, désireuse de resserrer les liens qui l'unissaient aux Comités de départements et de se reconstituer sur de nouvelles bases, engageait les Comités à envoyer leurs délégués à l'Assemblée générale, qui devait avoir lieu au mois d'octobre, à Paris. C'était, à vrai dire, Messieurs, une bonne nouvelle, car, en matière d'ambulances notamment, la dernière guerre venait de révéler combien les initiatives mal ordonnées, tardives, sans méthode et sans lien commun, sont pauvres en résultats pratiques. Aussi chacun de nous attacha-t-il une importance très sérieuse à la proposition de la Société française et aux délibérations de l'assemblée générale du mois d'octobre. M. le Président et M. le vice-Président du bureau ayant offert de s'y rendre pour vous représenter, leur proposition fût acceptée.

Dans la même séance, et pour répondre à une question posée par l'un des membres présents sur le renouvellement du bureau, M. le Président pria l'Assemblée de remettre cette opération à la prochaine Assemblée générale ; cette proposition fût également adoptée.

Depuis lors, Messieurs, des circonstances imprévues furent ajourner au mois d'avril 1874 la réunion générale, à Paris, des Comités de départements, et l'époque en étant proche, le bureau qui nous a précédés vous convoqua en Assemblée générale pour le 28 février dernier. Sa convocation était ainsi conçue :

La Rochelle, le 11 février 1874.

Monsieur,

Le Comité de secours aux blessés militaires de l'arrondissement, se réunira à la Rochelle, en Assemblée générale, le samedi 28 février prochain, à *une heure 1/2 précise*, salle de la Bibliothèque, rue Gargoulleau.

J'ai l'honneur de vous inviter, en votre qualité de membre du Comité, à assister à cette réunion.

ORDRE DU JOUR :

1° Compte-rendu du Trésorier ;

2° Communication de diverses circulaires et propositions du comité central de Paris ;

3° Nomination de délégués chargés de représenter le Comité de la Rochelle à l'Assemblée générale, à Paris ;

4° Mesures à prendre pour l'organisation de sous-Comités dans toutes les communes de l'arrondissement.

Je vous prie d'agréer, Monsieur et cher collègue, mes salutations empressées.

Le Secrétaire,

A. DEFORGE.

Ici, Messieurs, nous ne croyons pouvoir mieux faire que de mettre sous vos yeux, in-extenso, le procès-verbal de cette réunion. Les archives nous ayant été, depuis lors, systématiquement refusées, nous avons dû rédiger nous-mêmes, pour mettre sous vos yeux l'exposé complet de la séance, la partie du procès-verbal relative à l'ouverture de cette dernière Assemblée générale.

PROCÈS-VERBAL

DE L'ASSEMBLÉE GÉNÉRALE DU 28 FÉVRIER 1874.

La séance est ouverte à 1 heure 1/2, sous la présidence de M. Fournier, assisté de M. Belenfant, vice-président ; Deforge, secrétaire ; Boisdon, trésorier.

M. le Président prie M. Beltremieux, maire de la Rochelle, de vouloir bien se joindre au bureau.

Les membres présents sont au nombre de 147.

M. le Président est heureux de constater les progrès faits par la

Société ; le nombre des membres s'est considérablement accru. C'est par suite de cet accroissement qu'il a fallu changer le lieu primitivement indiqué pour la réunion. M. le Président en prend texte pour remercier MM. les Présidents du Tribunal de commerce. de la Chambre de commerce et de la Société philharmonique qui ont obligeamment mis le vaste local de la Bourse à la disposition de la Société.

M. le Secrétaire donne lecture du procès-verbal de la dernière réunion du bureau.

M. Barbedette fait observer que le document qui vient d'être lu ne rend compte que d'une réunion privée du bureau, il demande la lecture du procès-verbal de la dernière Assemblée générale.

Cette lecture est faite par M. le secrétaire.

M. Barbedette explique le but de sa demande : Une décision avait été prise, dans la dernière Assemblée générale, pour porter le renouvellement du bureau à l'ordre du jour de la première Assemblée générale ; il constate que le procès-verbal ne fait pas mention de cette décision.

M. Deforge répond que le renouvellement du bureau ne devait avoir lieu qu'après le retour des délégués de Paris.

M. Siret, qui était présent à la dernière séance, affirme qu'il a été décidé que le bureau serait réélu à la prochaine Assemblée générale. On espérait, à ce moment, que la réunion générale à Paris aurait lieu en octobre et que le retour des délégués pourrait précéder la séance de la Rochelle. Mais ce n'était qu'une espérance, car la réunion générale à Paris n'a pas eu lieu et la réunion de la Rochelle précède l'envoi des délégués. Il s'est établi une confusion dans l'esprit de M. le Secrétaire qui ne semble pas avoir compris que le point principal décidé était la réélection du bureau à la plus prochaine Assemblée générale, le retour des délégués n'étant qu'une circonstance accessoire qui pouvait aussi bien se réaliser que ne pas être.

Un membre ajoute que l'ordre du jour en contient la preuve implicite, puis qu'il appelle l'Assemblée à nommer les délégués qui devront se rendre à Paris

Plusieurs membres appuient l'affirmation de M. Siret.

M. le docteur Brard rappelle que c'est à lui-même qu'il a été répondu par M. le Président que le renouvellement du bureau serait mis à l'ordre du jour de la première Assemblée générale.

M. Gaudin émet l'avis qu'il est inutile de prolonger la discussion, l'Assemblée ayant le droit de décider la rectification au procès-verbal, et restant, d'ailleurs, maîtresse de son ordre du jour. Puisqu'il y a des délégués à nommer et que les membres du bureau peuvent être tout naturellement indiqués au choix des Sociétaires, il estime que le premier acte à faire, c'est évidemment la nomination du bureau.

M. Barbedette demande que l'Assemblée soit consultée sur la rectification au procès-verbal et la mise à l'ordre du jour du renouvellement du bureau.

Cette proposition est appuyé par un grand nombre de membres.

M. le Président refuse de consulter l'assemblée sur la proposition de M. Barbedette ; il déclare que sa tâche n'est pas pas terminée et qu'il l'accomplira jusqu'au bout.

M. Belenfant, vice-Président, déclare qu'il ne veut, à aucun prix, conserver un instant un mandat contesté et demande le vote de confiance.

M. le Président répond qu'il ne peut admettre le vote de confiance pour l'ensemble du bureau, l'Assemblée pouvant accorder à tels membres une confiance qu'elle refuserait à tels autres membres. Il proteste contre la violence qu'on veut lui faire, déclare qu'il refuse de se soumettre à un vote de confiance et qu'il lève la séance.

M. Chapron constate que, s'il y a violence, elle est exercée par le bureau sur l'assemblée et non par l'assemblée sur le bureau.

M. le Président se rassied : la séance est reprise.

M. Gaudin déplore, pour la dignité du bureau et de l'assemblée, la prolongation de l'incident. Il ne saurait être question d'un vote de confiance, mais du droit qu'a toute assemblée de procéder à la nomination de ses administrateurs.

M. Godet pense qu'il y a un malentendu ; il demande que la séance soit renvoyée à huitaine, afin qu'une entente sur la réélection du bureau puisse s'établir entre tous les membres de la société.

Plusieurs membres appuient cette proposition.

M. le Président refuse de mettre aux voix la proposition de M. Godet et celle de M. Barbedette; il déclare que, devant une manifestation ouvertement hostile, il donne sa démission de président du comité.

M. Belenfant, vice-président, donne sa démission, déclarant qu'il n'a jamais entendu s'imposer.

M. Deforge donne sa démission. Tous les autres membres du bureau se retirent.

M. Fournier déclare qu'il remettra les archives entre les mains du nouveau bureau et qu'il entend rester membre du Comité en tant que sociétaire.

M. Barbedette demande que l'assemblée reste en séance, qu'elle donne acte des démissions formulées et élise un nouveau bureau.

ÉLECTION DU BUREAU.

Le bureau s'étant retiré, un bureau provisoire se constitue sous la présidence de M. Théophile Babut, banquier, Conseiller municipal. M. Paul Gaudin, Conseiller municipal, remplit les fonctions de secrétaire.

M. Auguste Godet renouvelle sa proposition de renvoyer l'élection à une prochaine séance. M. le Président fait observer que la situation s'oppose à un semblable renvoi. C'est au bureau qu'il appartient de convoquer la société : or, il n'y a plus de bureau : donc plus de convocation possible.

Le scrutin est alors ouvert et donne les résultats suivants : *116 votants*. (Un bulletin blanc, un bulletin ne désignant que le président : 24 bulletins ne désignant qu'un premier assesseur) soit : 115 voix exprimées pour la nomination du président; 114 voix pour toutes les autres fonctions, sauf celles de deuxième assesseur où 91 votes seulement ont été exprimés. Voici comment le scrutin se décompose :

Président : MM. Emile Delmas, 103 voix. — Fournier, 7. — Belenfant, 3. — Barbedette et Babut, chacun une voix. — Total égal : 115.

Vice-président : MM. Belenfant, 108 voix. — Barbedette, 3. — Emile Delmas, 2. — Gaudin, 1. — Total égal : 114.

Secrétaire : MM. David, 103 voix. — Deforge, 7. — Gaudin, 2.
— Callot et Cartier chacun une voix. — Total égal : 114.

Trésorier : MM. Ernest Callot, 104 voix. — Boisdon, Emile, 5.
— G. Méneau, 3. — Delmas et David, chacun une. — Total
égal : 114.

1er assesseur : MM. G. Drouineau fils, 105 voix. — Em. Boisdon,
2. — Chéréel la Rivière, 5. — Pillot et Delmas, chacun une. —
Total égal : 114.

2me assesseur : MM. Vanderbach, 72 voix. — G. Méneau, 5. —
Beltremieux, 4. — Gaudin, 2. — Th. Babut, Cartier, David,
Delarade, Deforge, Chapron, Larrignon, Louis Romieux, chacun
une. — Total égal : 91 voix.

M. le Président proclame les noms des membres nouvellement
élus. M. Emile Delmas, entouré du nouveau bureau prend place
au fauteuil et le bureau provisoire se retire, sa mission terminée.

Le Secrétaire provisoire,

Le Président.

P. GAUDIN.

T. BABUT.

A 3 h. 10, les membres du bureau nouvellement nommés
prennent place. Sont présents : MM. E. Delmas, président,
Dr David, secrétaire, E. Callot, trésorier, Vanderbach, assesseur.

M. le Président remercie en quelques mots l'Assemblée de la
preuve de confiance qu'elle vient de lui donner. Il l'assure que
tous ses efforts tendront à poursuivre ce grand but de charité et
de bienfaisance en vue duquel la société s'est constituée, et qui
lui a valu de tous les points du territoire de si chaudes et si una-
nimes adhésions.

Son premier acte doit être de constater les efforts énergiques
faits par les membres du bureau précédent, et particulièrement
par les membres de la société qui ont été délégués pendant la
guerre pour porter des secours aux armées en campagne. (Applau-
dissements.)

L'ordre du jour appelle ensuite le compte-rendu du Trésorier.
Le Trésorier sortant ne se présentant pas, cette partie de l'ordre
du jour est remise à la prochaine séance.

M. le Président propose à l'assemblée d'intervertir son ordre du
jour et de procéder immédiatement à la nomination des délégués

à envoyer à Paris. Il s'appuie sur ce que beaucoup de membres désirent voter pour pouvoir retourner à leurs occupations.

M. Barbedette, avant qu'il soit statué sur la proposition, demande quel devra être le nombre de noms à inscrire sur les bulletins.

M. le Président propose d'inscrire six noms pour parer à l'éventualité d'un empêchement de quelqu'un des délégués.

Un membre de l'Assemblée propose de voter sur quatre noms, le Président et le vice-Président seraient délégués de droit.

M. le Président demande si l'assemblée aurait l'intention, comme il en avait été parlé autrefois, de déléguer d'office le Président et le vice-Président.

M. Siret demande que cette proposition soit repoussée.

M. Gaudin propose de voter sur quatre noms, le Président et le vice-président étant délégués de droit.

Cette proposition est mise aux voix et adoptée.

La proposition tendant à procéder de suite à la nomination des délégués est également adoptée.

En conséquence M. le Président ouvre le scrutin pour la nomination des délégués à 3 h. 1/2.

87 membres présents. Votants : 86.

Suivent les noms des votants.

M. le président invite les membres qui n'auraient pas pris part au vote à venir voter. Personne ne se présentant, le scrutin est déclaré clos, et il est procédé au dépouillement.

RÉSULTAT DU VOTE

Noms :	*Nombre de voix :*
MM. BARBEDETTE	86
GAUDIN	84
E. CALLOT	82
Dr DAVID	60

En conséquence MM. Barbedette, Gaudin, Callot et David sont nommés délégués à Paris, pour se joindre à MM. Delmas, président, et Belenfant, vice-président, délégués de droit.

M. le Président, répondant à une demande d'un membre de l'assemblée, dit qu'il est bien entendu que les délégués feront les frais de leur voyage. M. le Président pense que le mandat des délégués à Paris doit être très-large ; qu'il est de la plus grande importance de s'unir étroitement à la société centrale, ancienne société Flavigny, aujourd'hui présidée par M. le duc de Nemours. Cette résolution est adoptée.

Passant à la question d'organisation des sous-comités, M. le Président dit qu'il serait préférable d'attendre pour cela le retour des délégués, les questions d'organisation départementale devant, pense-t-il, être débattues à l'Assemblée générale. Du reste, il fait remarquer qu'il serait impossible de discuter utilement cette question vu l'absence totale de documents.

M. Gaudin regrette cette absence de documents qui ne permet pas d'approfondir les questions à l'ordre du jour.

M. le Président propose de fixer une date à la prochaine séance générale : ce serait le premier ou le second dimanche qui suivrait le retour des délégués de Paris, et à une heure après-midi. Cette proposition est adoptée.

L'ordre du jour étant épuisé, l'Assemblée fixe l'ordre du jour de la prochaine séance générale ainsi qu'il suit :

1° Compte-rendu du Trésorier.

2° Communication des délégués à Paris.

3° Lecture des statuts de la Société.

4° Mesures à prendre pour former des sous-Comités dans l'arrondissement.

(Cette dernière question ne devant être maintenue à l'ordre du jour que si elle est décidée en principe à Paris).

La séance est levée à 4 h. 35.

Le Secrétaire.

P. DAVID, d.-m.-p.

Le premier acte de votre nouveau bureau, constitué régulièrement et conformément aux usages en vigueur depuis trois années, fut de réclamer les archives au bureau démissionnaire. A notre demande verbale, le président du bureau démissionnaire opposa une injonction préfectorale qui lui interdisait de nous délivrer les documents. Il suffira désormais, Messieurs, de mettre sous vos yeux la correspondance échangée pour vous initier aux efforts que nous avons faits en vue de maintenir vos droits, de calmer les subites inquiétudes de l'administration et de sauver l'existence de notre œuvre de charité.

La Rochelle, le 5 Mars 1874.

A Monsieur le Préfet de la Charente-Inférieure.

Monsieur le Préfet,

Dans sa réunion du 28 février dernier, l'Assemblée générale des Sociétaires du Comité de secours aux blessés militaires, pour l'arrondissement de la Rochelle, a procédé au renouvellement de son bureau et l'a constitué comme suit :

Président. . . . . M. ÉMILE DELMAS, armateur.

Vice-Président . M. BELENFANT, ancien Commissaire de la marine.

Secrétaire. . . . . Dr DAVID, ex-chirurgien au 8me mobiles.

Trésorier . . . . M. ERNEST CALLOT, Directeur de la Comp.ie d'assurances l'*Aunis et Saintonge.*

Assesseurs. . . . { Dr DROUINEAU, médecin de l'Hospice civil. { M. VANDERBACH, courtier.

En ma qualité de Président du bureau, j'ai réclamé à mon prédécesseur les archives du Comité, pour être en mesure de répondre sans délai aux questions posées par la Société Française (dite Flavigny) dont nous relevons, en vue de l'Assemblée générale du mois d'avril prochain, à laquelle elle a convoqué les délégués des Comités d'arrondissement.

En réponse à ma demande, M. Fournier, mon prédécesseur, m'a communiqué votre lettre du 1er courant, par laquelle vous lui enjoignez de ne point me délivrer les archives du Comité de secours aux blessés militaires, et m'a déclaré se considérer comme tenu à exécuter vos ordres.

A la veille d'une Assemblée générale à Paris, dans laquelle doivent se compléter et se fixer les relations des Comités dépar-

tementaux et de la Société Française dont ils sont les ramifica-
tions, la résolution que vous avez prise m'a surpris à tel point
que j'ai dû rechercher quels peuvent être les motifs qui vous l'ont
inspirée.

Deux hypothèses se présentent : Ou le Comité de secours de la
Rochelle n'avait pas et n'a pas le droit d'exister ; ou ses actes
vous mettent en droit de trancher son existence.

Sur le premier point, Monsieur le Préfet, les archives qui me
sont si étrangement refusées, auraient pu me guider dans la
recherche de la vérité : il n'y avait aucun péril à les remettre
entre les mains d'un bureau auquel elles reviennent de plein
droit : peut-être y eussé-je trouvé la preuve que notre existence
n'est pas aussi régulière que nous le pensons. Dans tous les cas,
je me serais fait un devoir de régulariser la situation du Comité,
et je n'aurais pas le regret de penser que vous nous enlevez, du
même coup, les moyens d'exister et les moyens d'apprécier si
nous devons nous incliner devant votre décision.

Il en résulte que nous ne pouvons consulter aujourd'hui que
les éléments qui nous restent, ceux que votre décision ne pouvait
atteindre, je veux dire les comptes-rendus antérieurs publiés par
le Comité, et leur lecture nous fait un devoir de mettre en doute
votre droit à séquestrer nos archives.

En effet, dans le compte-rendu de l'Assemblée générale du 9
novembre 1872, dont j'ai l'honneur de vous adresser un exem-
plaire avec la présente, nous trouvons, page 38, les énonciations
suivantes :

« Nous avons, dès le principe et en vertu de vos délibérations,
» établi des relations avec la Société française de secours aux
» blessés, dite Société Flavigny. Du 25 juillet au 10 septembre
» 1870, cette Société avait son siége principal à Paris. A partir du
» 15 septembre elle institua onze comités départementaux ; la
» Charente-Inférieure fut comprise dans celui du Sud-Ouest, dont
» le siége était Bordeaux.

» Cette Société a été reconnue d'utilité publique par décret du
» 23 juin 1866 ; ses services pendant la guerre ont été éminents
» et elle a, par un décret du 31 décembre 1870, reçu un carac-
» tère général et officiel.

» Le Comité de l'arrondissement de la Rochelle, par suite de
» son concours, a été compris dans le bulletin n° 6 des comptes-
» rendus de la Société Française. »

Les déclarations même de mon honorable prédécesseur, si
elles sont exactes, et je n'en doute pas, expriment donc les raisons de notre existence.

J'ajoute que l'administration a si bien reconnu jusqu'à ce jour
l'existence de notre Comité et apprécié ses services, qu'elle a
recouru à son intermédiaire pour distribuer aux familles des
mobiles et mobilisés le contingent de secours affecté par le gou-
vernement à l'arrondissement de la Rochelle. Le jour où vous
voudrez bien, Monsieur le Préfet, rendre la liberté à nos archives,
je ne doute pas d'y trouver de nouveaux et nombreux témoignages
de la sanction accordée par l'administration aux agissements de
notre Comité.

Il m'est facile, d'ailleurs, de me placer sur un autre terrain :
j'admets que les déclarations de mon prédécesseur soient erronées,
que nous ayons vécu jusqu'à ce jour par simple tolérance, tolérance étendue à tous les Comités de département en faveur du
but éminemment charitable et patriotique qu'ils poursuivent. Qui
voudrait croire, Monsieur le Préfet, que, après trois années de
tolérance d'une part et de services dévoués de l'autre, l'administration choisisse, pour frapper l'humble initiative de la charité
nationale, l'heure où celle-ci va se centraliser, sous le contrôle et
la protection des lois, dans le sein de la Société Française, et préparer, par cette centralisation féconde, les ressources nécessaires
pour une lutte inévitable.

Sur le second point, Monsieur le Préfet, si notre existence est
régulière, vous avez incontestablement le droit d'y mettre un
terme, dès que notre Comité de secours s'écarte, par des actes
étrangers à son but, du cercle rigoureux dans lequel il doit
s'enfermer. Je ne pense point que nous nous trouvions dans cette
hypothèse : s'il en était autrement, vous n'eussiez pas manqué
de motiver sur ces écarts votre injonction à mon prédécesseur.
Dans tous les cas, vous trouverez certainement convenable de
me les faire connaître, pour que notre œuvre, qui m'a confié, par
une décision d'Assemblée générale, la direction de ses travaux

et le soin de la défendre, ne soit pas condamnée sans être
entendue.

Vous avez bien voulu me communiquer le procès-verbal de
l'Assemblée générale du 28 février dernier, rédigé par le Secrétaire du précédent bureau, jusqu'à l'heure où ce bureau a donné
sa démission et s'est retiré. J'ai l'honneur de vous retourner
cette pièce et de vous transmettre, de mon côté, copie des
procès-verbaux relatifs à la suite de la séance, pour compléter
le fragment que vous m'avez communiqué. Si ce fragment doit
avoir sa place dans l'enquête que vous vous proposez de faire,
je vous signale, Monsieur le Préfet, une omission involontaire du
rédacteur, omission qui pourrait dénaturer le caractère régulier
des opérations de l'Assemblée du 28 février.

Le procès-verbal de la séance du 23 juillet 1873 ayant omis de
faire mention de la décision prise par cette Assemblée générale
de renouveler son bureau dans sa prochaine réunion, un membre
a demandé, dans la séance de samedi dernier, que cette rectification fût faite au procès-verbal et que l'Assemblée fût consultée
aussi bien sur la rectification même que sur l'opportunité de
procéder immédiatement au renouvellement du bureau. Cette
double motion ayant été résolue affirmativement par la presque
unanimité de l'Assemblée, le bureau en fonctions a refusé de
procéder au renouvellement du bureau, a donné sa démission qui
a été acceptée et s'est retiré.

Telle est la rectification que j'avais à vous signaler ; elle n'a
d'autre objet que de prévoir le cas où la régularité des opérations
de l'Assemblée serait contestée.

Il m'a été dit enfin que toute modification au bureau devait
avoir l'agrément de l'administration. Sans entrer dès à présent
dans l'examen du droit de l'administration d'agréer les membres
du bureau, j'ai pris soin de vous indiquer la composition du
nouveau bureau, en vous priant de lui ménager l'agrément de
l'administration, dans le cas où il lui serait nécessaire.

J'ai le ferme espoir, Monsieur le Préfet, que, s'inspirant des
services rendus pendant trois années, du but exclusivement charitable de l'œuvre, des bienfaits journaliers qu'elle répand sur les
victimes de la guerre, et, au cas où notre existence serait irrégu-

lière, s'inspirant aussi des précédents et des tolérances générales appliqués partout aux Comités de secours, votre administration, loin de décourager nos efforts, voudra bien nous rendre la tâche facile. — Son premier acte à cet effet sera certainement de lever le séquestre dont elle a frappé nos archives.

Veuillez agréer, Monsieur le Préfet, l'assurance de ma considération distinguée.

Le Président du Comité de secours de l'arrondissement de la Rochelle.

E. DELMAS.

La Rochelle, le 6 mars 1874.

Monsieur FOURNIER, *à la Rochelle.*

Monsieur,

Dans l'Assemblée générale du 28 février dernier, vous avez cru ne pas devoir mettre aux voix la proposition de M. Godet, qui demandait la remise à huitaine pour le renouvellement du bureau, et le bureau que vous présidiez a donné sa démission.

Après votre démission, M. Godet a renouvelé sa proposition; mais le bureau étant dissous et personne n'ayant plus qualité pour convoquer les Sociétaires, il n'était pas possible de donner suite à cette proposition, avant qu'un nouveau bureau ne fût constitué.

Aujourd'hui, le nouveau bureau tient essentiellement, dans un but d'apaisement et de conciliation, que personne ne pourra méconnaître, et que votre intérêt pour notre œuvre de charité vous fera certainement saisir, à donner satisfaction aux partisans de la proposition de M. Godet.

En conséquence, ce bureau, dans une Assemblée générale qu'il va provoquer avant la fin du mois à cet effet, remettra sa démission, pour qu'il puisse être procédé au renouvellement du bureau, ainsi qu'à la réélection des délégués qui, pas plus que nous, n'entendent se prévaloir du vote de samedi dernier quelle que soit sa régularité.

Dans cette situation, Monsieur, et pour me mettre à même de convoquer les Sociétaires, je vous prie de vouloir bien me transmettre, par le porteur, la liste des sociétaires actuels.

Veuillez agréer, Monsieur, l'assurance de ma considération très-distinguée.

Le Président du Comité,

E. DELMAS.

. . . . .

La Rochelle, 7 mars 1874.

Monsieur E. DELMAS, *la Rochelle.*

Monsieur,

Aussitôt la réception de votre lettre d'hier, nous avons écrit à Monsieur le Préfet pour lui dire que, désireux que nous étions de demeurer absolument désintéressés dans les questions administratives que paraît soulever la séance du 28 février, nous lui demandions de nous relever de son opposition à la remise de nos archives et de nos fonds ou tout au moins de nous autoriser à remettre le tout à Monsieur le Maire de la Rochelle, Président d'honneur de notre Comité.

Nous espérions, lorsque nous avons eu l'honneur de vous rencontrer, une réponse conforme à notre demande, mais nous avons reçu la lettre dont voici copie :

« Vous me demandez de vous relever de mon opposition à la
» remise des archives et des fonds de votre société. Prendre une
» décision en ce sens serait reconnaître dans une certaine mesure
» la régularité des élections du 28 février dernier. Il me paraît
» préférable de laisser les choses en l'état jusqu'à ce que Monsieur
» le Ministre de l'Intérieur que je saisis de cette question ait
» statué.

» Veuillez agréer l'assurance, etc., etc. »

Dans cette situation, nous vous prions d'agréer, avec nos

regrets de ne pouvoir vous donner satisfaction, l'assurance de notre considération très-distinguée.

Charles FOURNIER. — A. DEFORGE. — BELENFANT.
Émile BOISDON. — E. LAMBERT.

La Rochelle, 9 mars 1874.

Monsieur FOURNIER, *à la Rochelle.*

Monsieur,

En réponse à votre lettre du 7 courant, je prendrai la liberté de vous faire observer que ma lettre du 6 ne vous réclamait plus les archives et les fonds du Comité de secours.

Dans l'entretien que j'avais eu l'honneur d'avoir avec vous, à la date du 2 courant, vous appuyant sur une injonction de Monsieur le Préfet, vous m'aviez déjà refusé ces documents, quoique vous eussiez pris publiquement l'engagement, dans la séance du 28 février, de les remettre entre les mains du nouveau bureau. Je vous avais fait observer que votre refus, en l'absence d'une saisie administrative régulière, vous rendait solidaire de l'ingérence de Monsieur le Préfet dans notre gestion ; vous aviez persisté dans votre refus, et je ne me serais pas permis de revenir à la charge auprès de vous, convaincu que vous aviez suffisamment pesé votre part de responsabilité dans une mesure où je vois avec douleur l'existence de notre œuvre de charité compromise.

Ma lettre du 6 courant, à laquelle je me réfère, n'avait donc d'autre objet que de vous demander communication officieuse de la listes des sociétaires actuels, pour pouvoir procéder, quelque parfaitement régulières que soient les opérations de la séance du 28 février, à un acte d'apaisement et de conciliation. Je ne pensais pas que la communication des noms des sociétaires pût équivaloir à une remise des archives et des fonds, et je regrette que vous ayez pris texte de ma demande pour soulever à nouveau cette question auprès de Monsieur le Préfet, qui a reçu directement, d'ailleurs, notre réclamation sur l'inexplicable séquestre des archives.

Votre lettre ne répond donc point à l'objet de ma demande et, pour éviter tout malentendu, je vous exprime de nouveau qu'elle n'a trait qu'à une communication officieuse de la liste des sociétaires.

Je vous serai obligé de me faire savoir, si vous persistez à me refuser cette communication.

Dans la négative, la dignité du bureau, aussi bien que le souci de la concorde entre nos sociétaires, nous feraient, à notre grand regret, un devoir de leur faire connaître nos efforts et les raisons qui les auront rendus impuissants.

Agréez, Monsieur, l'assurance de ma considération très-distinguée.

Le Président du Comité,

E. DELMAS.

La Rochelle, 11 Mars 1874.

Monsieur ÉMILE DELMAS, *négociant, la Rochelle.*

Monsieur,

Il nous serait agréable de vous donner une entière satisfaction et nous avions, dans ce but, fait tous ensemble une démarche instante auprès de M. le Préfet, lequel a, à notre grand regret, maintenu son opposition.

Si cependant, Monsieur, vous désirez, en votre qualité de membre du bureau, prendre communication des registres des souscriptions et des délibérations, ainsi que des dernières circulaires, ils sont à votre disposition chez Monsieur Delorge, secrétaire démissionnaire.

Nous regretterions autant que vous que la séance du 28 février pût porter préjudice à l'œuvre patriotique que nous avons aidé à fonder, à laquelle, pendant trois années, nous avons donné avec

dévouement notre temps et nos soins et qui pendant cette période
a fonctionné avec autant de calme que de régularité ; mais si elle
devait souffrir des incidents de cette séance du 28, ce n'est pas à
nous qu'en remonterait la responsabilité.

Agréez, Monsieur, l'expression de ma considération distinguée.

> Charles FOURNIER. — BELENFANT. — A. DEFORGE.
> — Émile BOISDON. — E. LAMBERT.

La Rochelle, le 13 mars 1874.

Monsieur le Préfet de la Charente-Inférieure.

Monsieur le Préfet,

L'intention du bureau du comité de secours de l'arrondissement
de la Rochelle, est de convoquer les sociétaires de l'arrondissement, pour le 29 de ce mois, à l'effet de recevoir la démission du
bureau actuel et de procéder à son remplacement.

Cette mesure lui est inspirée, quelque parfaitement régulières
que soient les opérations de l'Assemblée générale du 28 février
dernier, par le désir de donner satisfaction à une partie des sociétaires qui, dans cette séance, avaient exprimé le vœu que le
remplacement du bureau fût ajourné à huitaine.

Privés de nos archives, que vous avez séquestrées, et ne vou-
lant pas, même à notre insu, nous trouver en dehors de la
légalité, nous venons vous demander, Monsieur le Préfet, l'autorisation de réunir nos sociétaires le 29 mars courant.

L'assemblée générale à Paris de la Société Française et des
Comités de département devant avoir lieu le 9 avril prochain, il y
a urgence à ce que ce renouvellement soit effectué, pour que des
dispositions puissent être prises en vue de cette assemblée, d'où
doit sortir, ainsi que j'ai eu l'honneur de vous le dire dans ma
dernière lettre, une organisation générale commune à la Société
Française et aux Comités de départements.

J'ajoute que, intermédiaire de la Société Française de l'arrondissement de la Rochelle pour y servir des pensions aux invalides de la guerre, notre Comité a également des dispositions à prendre pour assurer ou continuer ce service.

J'ai l'espoir, Monsieur le Préfet, que ces diverses considérations vous décideront à nous donner l'autorisation que j'ai l'honneur de vous demander.

Veuillez agréer, Monsieur le Préfet, l'assurance de ma considération la plus distinguée.

Le Président du bureau,

E. DELMAS.

La Rochelle, le 17 Mars 1874.

A Monsieur E. DELMAS, *armateur à la Rochelle.*

Monsieur,

Par lettre en date du 13 de ce mois, vous me demandez l'autorisation de provoquer, pour le 29, une réunion d'adhérents au Comité de secours de la Rochelle, à l'effet de reconstituer le bureau de ce Comité et de nommer des délégués chargés de le représenter à l'Assemblée générale de la « *Société Française.* »

Ainsi que je vous en ai déjà verbalement informé, je ne puis reconnaître ni la régularité des élections du 28 février dernier, ni la validité du titre que vous vous attribuez. Par dépêche du 11 de ce mois, Monsieur le Ministre de l'Intérieur vient de me faire connaître qu'il partage à cet égard ma manière de voir et approuve ma décision.

Le seul Comité de secours existant légalement à la Rochelle est celui qui, constitué au début de la guerre, sous le patronage de l'administration, est composé de membres nommés ou agréés par mes prédécesseurs. La composition en a été notifiée à Monsieur le Ministre de l'Intérieur, conformément à sa circulaire du 4 mars

1871 et ne peut être modifiée sans l'assentiment de l'administration.

Les personnes qui ont pu être admises à verser une cotisation à la caisse de ce Comité ne sont que des souscripteurs; elles ne font point partie du Comité et ne peuvent en aucune façon s'ingérer dans ses opérations.

Le Comité tel qu'il a été institué précédemment, sous la présidence de Monsieur Fournier, a seul qualité pour achever l'œuvre en vue de laquelle il a été créé.

Je ne puis, en conséquence, vous accorder l'autorisation que vous me demandez.

Recevez, Monsieur, l'assurance de ma considération distinguée.

Le Préfet.

DE BLIGNIÈRE.

La Rochelle, le 21 Mars 1874.

Monsieur le Préfet de la Charente-Inférieure.

Monsieur le Préfet,

J'ai l'honneur de vous accuser réception de votre lettre du 17 de ce mois : j'y ajouterai de courtes réflexions.

Depuis trois ans, le Comité de secours de la Rochelle a fonctionné sans que l'administration ait cru devoir intervenir dans sa gestion intérieure.

Depuis trois ans, des membres du bureau ont disparu, ont été remplacés, sans qu'on ait prétendu exiger de leurs successeurs cet agrément que vous dites obligatoire, que nous vous avons d'ailleurs demandé, et que vous nous refusez aujourd'hui.

Depuis trois ans, des Assemblées générales de Sociétaires ont été convoquées, ont pris des résolutions, ont été appelés à infirmer ou confirmer les pouvoirs du bureau, sans que l'autorité ait songé à entraver ces opérations.

Un seul acte, tout récent, le projet de constituer des sous-Comités dans les communes de l'arrondissement, pouvait exciter votre inquiétude. Vous me l'aviez témoignée, et j'avais eu l'honneur de vous répondre que, loin de nous appartenir, la mise à l'ordre du jour d'une pareille question par mon honorable prédécesseur avait à tel point inquiété comme vous, nos Sociétaires, qu'elle les avait précisément déterminés à la récente et partielle modification du bureau.

Vous nous déniez aujourd'hui, Monsieur le Préfet, la qualité de Sociétaires : c'est, permettez-moi de vous le dire, s'y prendre bien tard, alors que, depuis trois années, cette qualité ne nous a jamais été contestée et se trouve formellement exprimée sur le titre que chacun de nous possède.

La soudaine ingérence de votre administration dans nos opérations intérieures est sans précédents depuis l'origine de notre Comité : elle constitue pour nous une atteinte au premier droit des Sociétaires ou Souscripteurs, le droit de confier la gestion aux hommes de leur choix et non du vôtre, sauf à vous à refuser à ceux-ci votre agrément, s'ils sont indignes.

Je proteste donc, au nom de nos Sociétaires, contre une décision dans laquelle vous avez été juge et partie, qui tire de son intolérance le caractère d'un abus de pouvoir, de laquelle il résulte que, même en matière de bienfaisance et de patriotisme, il y a pour l'administration deux poids et deux mesures, et je laisse à nos concitoyens le soin d'apprécier les raisons particulières qui l'ont inspirée.

Agréez, Monsieur le Préfet, l'assurance de ma considération distinguée.

Le Président du Bureau.

E. DELMAS.

Telle est aujourd'hui, Messieurs, notre situation. Ces droits de sociétaires, conférés et acquis durant trois années, vous sont déniés ; cette liberté, jusqu'à ce jour respectée, de désigner vos mandataires, vous est contestée ; vous êtes *admis* à souscrire, et rien de plus ; enfin l'existence de votre association même est mise en question : droit ou tolérance, tout est effacé, l'autorité est entrée en scène. Elle ne fonde son ingérence sur aucun autre acte que le renouvellement du bureau et ne formule aucun autre grief ; elle a toléré cet usage tant que votre choix lui a plu, elle vous l'interdit aujourd'hui que vous choisissez mal à son gré. C'est logique, c'est son droit, elle en use et n'hésite pas à briser notre œuvre à la veille même du jour où celle-ci doit puiser une vitalité nouvelle dans une réorganisation générale.

Quelque étonnement que soulève en vous l'acte d'intolérante partialité qui vous atteint, la légalité, Messieurs, qu'il ne faut pas confondre avec le droit, ne saurait se discuter ; mais il reste à chacun de vous le droit de demander un compte-moral à ceux qui vous ont conféré à la légère un titre qu'on dit illégal, convoqués à des assemblées qu'on prétend illicites, exposés à votre insu aux rigueurs de la loi, et dont la docilité semble s'abriter aujourd'hui derrière l'illégalité même d'une situation qu'ils ont faite.

Ce droit n'a d'autre sanction que le jugement de la conscience publique ; mais, à côté, des questions se dressent, conséquences des faits accomplis, et que l'imprévoyance administrative laisse en suspens sans les résoudre. L'administration préfectorale ne saurait empêcher, en effet, que notre société de secours aux blessés ait existé, qu'elle ait un passé, qu'elle ait administré des sommes considérables, qu'elle ait encore des fonds en réserve, que l'assemblée générale du 28 février ait eu lieu et que la démission des administrateurs ait été donnée et acceptée. Il faut bien, quoi qu'il advienne, que la Société liquide, qu'elle arrête ses comptes, qu'elle détermine l'emploi des fonds dont l'administration supérieure, quelle que soit son autorité, n'est pas propriétaire. Or, nous le demandons :

Qui liquidera valablement vis-à-vis des Sociétaires ?

Qui rendra les comptes ?

Où, comment et à qui seront-ils rendus ?

Que deviendront les fonds ? Ils seront sans doute déposés à la Caisse des dépôts et consignations, puisque la Société ne peut plus se réunir pour en déterminer l'emploi ; mais qui fera le versement ?

Au nom de qui sera délivré le récépissé ?

En quelle qualité et au nom de qui agira le déposant ?

Qui aura qualité pour retirer le dépôt ?

Qui donc, enfin, dispensera désormais les pensions ou les subsides à ces mutilés de la guerre, auquel il ne manquait plus que d'être les victimes de décisions irréfléchies et de préventions sans pitié ?

Certes, Messieurs, voilà des questions qui ont leur valeur, et, à moins que l'autorité administrative ne prétende résoudre sommairement des questions de droit civil qui ne sont pas de sa compétence, nous ne voyons pas comment les responsabilités engagées depuis la création de notre Société pourront finir autrement que par un blanc-seing préfectoral.

Votre bureau, Messieurs, se trouve donc frappé d'impuissance ; vous apprécierez, par ce qui précède, s'il a rempli son devoir. Mais vos délégués n'ont pas à requérir l'autorisation administrative pour aller, à Paris, préparer les conditions futures de votre existence et rendre compte à l'Assemblée générale des procédés employés pour dissoudre votre Société. C'est leur devoir d'y aller, ils n'y failliront pas, convaincus qu'ils trouveront, dans le sein de la Société française, cette impartialité qui accueille tous les concours bienfaisants sans distinction de personnes.

*Le Bureau nommé dans l'Assemblée générale
du 28 février 1874.*

E. DELMAS,   PRÉSIDENT.

Dr DAVID,   SECRÉTAIRE.

ERN. CALLOT,   TRÉSORIER.

La Rochelle, de Typ. A. SIRET.